未来を拓く

言《こと》の葉《は》

江原啓之

Ehara Hiroyuki

未来を拓く

言《こと》の葉《は》

江原啓之
Ehara Hiroyuki

まえがき

言葉にはたましいが宿ります。

それが「ことたま」です。「言《こと》の葉《は》」の船に「思いみたま」（思いのエナジー）を乗せて相手の心に届けるのです。「言の葉」と「思いみたま」がひとつになり、そのとき「ことたま」となります。

私は「人には誰にでも、地上界にてスピリチュアルな力を与えられている」と伝えています。それこそが「ことたま」です。

みなさん、お気づきですか？　言葉というものは偉大で、言の葉に愛をこめれば、その人の一生を支えられるような励ましにもなります。また、それとは逆に、言の葉に悪意をこめると、人を立ち直らせなくすることや、恐ろしいことに、とことん追いつめ、人を殺《あや》めることすらできるのです。

それほどまでに、「言の葉」で人の心を天国にも地獄にもできるのに、どうして人は一向に言の葉を大切にしないのでしょう。現代の日本は、忌まわしいことたまがあとを絶ちませんし、それに比例するように社会が明るくなりません。これはまさに「波長の法則」です。先人たちは、こう教えてくれています。「悪しき言葉を使うと、不幸になってしまう。だから幸せとなるように良い言葉を使いましょう」と。

２０１１年3月11日、東日本大震災が起こり、日本はいま、深い悲しみのなかにあります。被災地のみなさまはもとより、日本国民全員が深い悲しみから立ち直れないほどの被災をしたと実感しています。

私たちは、みな一緒に力を合わせてこの試練を乗り越えていかなければなりません。けれども、なかには、そのあまりの惨状を目の当たりにして、乗り越えていく熱意すら奪われたと感じる人もいるかもしれません。しかし、だからこそ、明るい希望に満ちた「言の葉」が何よりも必要なのです。

いま、私は、愛の思いみたまをこめた言の葉を全国のみなさんに届けます。その言の葉をゆりかごにして、みなさんが癒され、生きる希望に満たされるように、心から願っています。どうか、みなさんも愛の言の葉を周りの人に伝えてください。

日本は必ず乗り越えられます。必ず。

江原啓之

もくじ

まえがき……2
付録「言の葉CD」の使い方……12

第一章 人生

言の葉 1 人生には、いろいろと切り替えどきがあります……14
言の葉 2 どの道に進んだ方がいいか……15
言の葉 3 一にも二にも、実践しかありません……16
言の葉 4 自分の人生に不満があるときは……17
言の葉 5 私たちは望んでこの世に生まれてきました……18
言の葉 6 行き当たりバッタリの人生は……19
言の葉 7 この世に生きる人は、誰もがみな宝石です……20
言の葉 8 人と比べることは何の意味もありません……21
言の葉 9 人生はすべて「自己責任」……22
言の葉 10 世間の常識や外聞にとらわれて……23
言の葉 11 何かを始めるのに……24

言の葉12 せっかく現世に生まれてきたのです……25
言の葉13 何事も、簡単に人生のハードルを……26
言の葉14 「すべて偶然はなく必然」……27
言の葉15 「宿命と運命」……28
言の葉16 守護霊は、あなたのその苦難をも含めて……29
言の葉17 人生につまずいて転ぶ……30

第二章 試練こそ宝

言の葉18 試練に遭って苦しいときも……32
言の葉19 逆風が吹いているときも……33
言の葉20 つらいときこそ、笑いは大切です……34
言の葉21 並々ならぬ苦労があったことでしょう……35
言の葉22 自分の小ささを知っている人間が……36
言の葉23 大きなトラブルは、たましいの成長を促す……37
言の葉24 苦難というのは、ただ単に苦しい思いをするだけでは……38
言の葉25 生きていれば、いつか新しい風が吹きます……39

言の葉26 大きな試練が目の前に立ちはだかると……40
言の葉27 意味のない苦労に見えることも……41
言の葉28 人生の苦境に追いつめられたときこそ……42

第三章 恐れない

言の葉29 「私は将来が不安です。この先どうなるのでしょうか？」……44
言の葉30 「世の中が悪い」と怒ることは簡単なことです……45
言の葉31 不満を抱くことが、つねにいけないわけではありません……46
言の葉32 人間の不安や悩みというのは……47
言の葉33 やってみてもいないことに対し……48
言の葉34 漠然とした不安や虚無感、孤独感に襲われたとき……49

第四章 愛

言の葉35 祈りの力は絶大です……52
言の葉36 与えることで、愛はますます充電されていきます……53

言の葉37 孤独のなかで、すべてを捨ててしまいたいことも……54
言の葉38 人は愛を学ぶために生まれてきました……55
言の葉39 うまくいかないことが多少あっても……56
言の葉40 エナジーは、誰かからもらうものではありません……57
言の葉41 愛はいかなる苦難も、幸せな宝に……58
言の葉42 本気で人とかかわれば、醜い嫉妬心や……59
言の葉43 「誰も自分を愛してくれない」と思うときは……60
言の葉44 いまこそ、「ごめんなさい」と「ありがとう」……61

第五章　旅立ち

言の葉45 旅立った愛する人が、どれほどの愛を……64
言の葉46 どうでもよいことに悩み……65
言の葉47 霊界に里帰りした愛する人は……66
言の葉48 誰かの死を間近に見る、という経験にも……67
言の葉49 人生は旅です……68
言の葉50 供養は励まし合いです……69

言の葉51 死を見つめればこそ……70
言の葉52 「死」に逃げることはできません……71
言の葉53 いつまでも泣いていたら、あなたを愛してくれた人まで……72
言の葉54 いまは亡き愛する人を想うとき……73
言の葉55 人はみなひとりで生まれ、ひとりで死んでいきます……74
言の葉56 生きることの意味を知り、あなたに向けられた愛を感じましょう……75

第六章 幸せ

言の葉57 この世には「闇を知ることにより光を知る」という……78
言の葉58 私たちは自分の幸せばかりに心を奪われますが……79
言の葉59 もっとも幸せなことは……80
言の葉60 楽しいことばかりの人生が幸せであるとは……81
言の葉61 他人との比較によってしか、自分の価値や幸せを実感できない……82
言の葉62 不幸の数ばかりかぞえて生きていないでしょうか……83
言の葉63 人の痛みを自分の痛みのように感じ……84
言の葉64 幸せになるための条件は……85

言の葉65 幸せは遠くにあるとは限りません……86
言の葉66 幸せな人生とは、問題のない人生のことではありません……87
言の葉67 当たり前と思っている日常こそ……88
言の葉68 人生には、思うように進まず……89
言の葉69 あなたを傷つけた人のことを……90

第七章 乗り越える力

言の葉70 行きづまって前に進めなくなっても……92
言の葉71 うまくいかないときは、自分の人生全体を俯瞰する……93
言の葉72 起きたことを嘆くより……94
言の葉73 本当に大変なときは……95
言の葉74 意地悪をした。卑怯なことをした……96
言の葉75 人は行動することによって、絶対に明るくなれます……97
言の葉76 目的地に早く着くことばかりがよいわけではありません……98
言の葉77 どうしてもエナジーが湧かないときは……99
言の葉78 悲しみをあらわにするのは簡単です……100

言の葉 79 人生の静寂を恐れてはいけません……101
言の葉 80 何かに挫折し、ふと立ち止まる……102
言の葉 81 あらゆることを想定し、予防線を張りまくる……103
言の葉 82 悲しみが尽きないときは……104
言の葉 83 不遇に思える時期は、恩寵ととらえましょう……105
言の葉 84 人間には念力という「想いの力」がありますが……106
言の葉 85 いまは、何もかも失って悲しいかもしれませんが……107

第八章 未来へ

言の葉 86 現状をよき方向に変え……110
言の葉 87 世の中のことを憂う気持ちになっても……111
言の葉 88 悲しみにあるとき、人は、その痛みを……112
言の葉 89 いまあるものを失うことを過剰に恐れるのは……113
言の葉 90 「こんな自分だからダメなんだ」と……114
言の葉 91 後ろ向きだったり、卑下したり、……115
言の葉 92 不要なものは手放し、最低限必要なものだけを……116

言の葉 93 生きていくうえで意識すべきは……117
言の葉 94 あなたの未来は、過去と現在の単なる延長線上に……118
言の葉 95 大きなチャンスが来ると……119
言の葉 96 夢や目標は、自分から手放さない限り……120
言の葉 97 山に登るのに、いくつものルートがあるように……121
言の葉 98 試練のときも、病めるときも……122
言の葉 99 あなたがこの世に生まれてきたのは……123
言の葉 100 厳しい時代が予想されるときだからこそ……124

付録「言の葉CD」の使い方

“おとたま”に耳を傾けましょう

付録CDには、本編で江原啓之が紡いだ100の言の葉が入っています（CDの構造上、言の葉99と言の葉100は同じトラックに収録されています）。今回、特別に朗読したのは、おとたま（音霊）のエナジーを感じ取っていただきたいという願いもあってのこと。まえがきにも記しましたように、言の葉には“ことたま”が宿っていますが、実は音にもたましいが宿っていて、それこそが“おとたま”です。音を通して言の葉を聴くことで、そこにこめられたメッセージ、思いみたまを感じ取っていただけることと思います。眠りにつく前や疲れたとき、迷うことがあったときなど、あなたの好きなときに耳を傾けてください。

気になった「数」の言の葉を聴く

CDに収録されている順番に聴いてもよいですし、1〜100のうちで、気になった数字の「言の葉」に耳を傾けるのもいいでしょう（99と100は同じトラックに収録）。そのときのあなたに必要なメッセージ、あるいは悩みを解決するためのヒントがあるかもしれません。すべては偶然ではなく、必然。まさに、「あなたのための言の葉」がきっとそこにあります。

言の葉の贈り物

このCDは、自分のために聴くのはもちろんですが、誰かのために贈ることもできます。子どもの頃、絵本の読み聞かせをしてもらったように、今度はあなたが大切な人に「言の葉」を聴かせてあげるのもよいでしょう。使い方は、あなた次第。自由に楽しんでください。

第一章

人生

言の葉 1

人生には、いろいろと切り替えどきがあります。
悩むことも多々あるでしょう。
けれどもそれこそが、ジャンプの前の「しゃがむ時期」。
そこで間違えたしゃがみ方をすると、
より良いジャンプになりません。
感情的なマイナス思考になったり、
いじけてみたり…。
心まで屈折してはいけないのです。

言の葉 2

どの道に進んだ方がいいか、
迷うことがあるかもしれません。
けれど、人に決めてもらう人生は味気ないもの。
自分の人生は、あなた自身で決めて、
悔いなく生きることが大切なのです。

言の葉 3

一にも二にも、実践しかありません。
現世に生きられる時間は限られているのです。
霊界に帰ったときに、無念とならないように、
いまを精一杯生きるしかありません。
泣いている暇などないのです。

言の葉 4

自分の人生に不満があるときは、
とことん、自分の中で哲学して、
道を見出《みいだ》しましょう。
転びながらでも、前向きに、ひたむきに、
学ぼうとする志《こころざし》を忘れてはいけません。

言の葉 5

私たちは望んでこの世に生まれてきました。
大切なのは、いかに生き、
いかに死ぬかです。
何を成しえたかより、
経験と感動がこもった一生を
送れたかどうかなのです。

言の葉 6

行き当たりバッタリの人生は、無駄が多すぎます。
もちろん、時に「怪我の功名」もありますが、
それは、人事を尽くしてからのことです。
その答えとして天命が訪れるのです。
だからこそ、つねに人生の目的地を
確認しながら、しっかりと計画を立て、
歩んでいかなければなりません。

言の葉 7

この世に生きる人は、誰もがみな宝石です。
あなたも宝石のような才能を必ず持っているのです。
ただし、放っておいては原石のままなので、
じっくり磨かなければなりません。
それをするのはあなた自身。
あなたを変えられるのは、あなただけなのです。

言の葉8

人と比べることは何の意味もありません。
人それぞれ、生まれ持った素質も、
取り組むべき課題も、違うからです。
比べてよいのは、
過去の自分と、いまの自分だけ。
過去の自分より、いまの自分が
進歩できていればよいのです。

言の葉 9

人生はすべて「自己責任」。
つまりあなたは、
自由に自分の人生を創れるのです。
あなた自身の人生のプロデューサー兼
サポーターになって、
独自のアイディアで、
人生を創造してください。

言の葉 10

世間の常識や外聞にとらわれて、
小さく生きる人生は味気ないものです。
病気や死を恐れて小さく生きるのも、
もったいないことです。
人生には何が起きるかわかりません。
いつこの世を去ることになっても
悔《く》いが残らないくらい、
毎日を大いに充実させましょう。

言の葉 11

何かを始めるのに、
遅すぎるということはありません。
最終的な自分の目的を
しっかりと定めることさえできれば、
スタートする時期は問題ではないのです。
「急がば回れ」で、焦らず地道に努力しましょう。

言の葉 12

せっかく現世に生まれてきたのです。
この学びの「大海原《おおうなばら》」を
懸命に泳ぎましょう。
けれども、力《りき》みすぎないこと。
力んでも、できることは同じです。

言の葉 13

何事も、簡単に人生のハードルを
クリアしたくなる気持ちもわかります。
けれど、早くハードルを越えることよりも、
ひとつずつのハードルに、どれだけ〝いのち〟をこめて
しっかりクリアできるかが、大事なのです。

言の葉 14

「すべて偶然はなく必然」。
カルマの法則により、
良くも悪くも必要なことしか訪れません。
だから、思いわずらうだけ
時間の無駄なのです。

言の葉 15

「宿命と運命」。
宿命は、生まれてくるときに定めた
人生のカリキュラム。
運命は、宿命の土台の上であれば、
いかようにも創ることができます。
だからこそ、自らの手で
運命を切り拓きましょう！

言の葉 16

守護霊は、あなたのその苦難をも含めて
あたたかく見守っています。
あなたが苦難を乗り越えた未来を、
見越しているのです。
どんなに理不尽に思えることでも
克服した先には、
たましいの成長が待っています。

言の葉 17

人生につまずいて転《ころ》ぶ。
この「転ぶ」は、実は転機の「転」です。
「なぜ転んだのだろう?」と内観し、
原因を分析したら、
今後の人生に生かしていきましょう。
それができれば、
つまずきも大きな恵みに変わるのです。

第二章

試練こそ宝

言の葉 18

試練に遭って苦しいときも、
スピリチュアルな世界は
あなたを決して見放していません。
むしろ、より強く見守っています。
いま起きていることは、過去に積み上げてきた
カルマの結果です。素直に受けとめて、
明日へのステップとしましょう。

言の葉 19

逆風が吹いているときも
決して、夢をあきらめないでください。
夢が心の支えとなって
逆境を乗り越え、
生き抜くことができます。

言の葉 20

つらいときこそ、笑いは大切です。
笑いは、生きる力の発動機。
笑っているうちに、力が蓄えられ、
波長が高まり、良きインスピレーションに
恵まれるのです。

言の葉21

並々ならぬ苦労があったことでしょう。
でも、あなたが今日《こんにち》までがんばれたのは、
そこに情熱があったから。
信念があったから、歩めたのです。

言の葉22

自分の小ささを知っている人間が、
実は一番強いのです。
「自分はこの程度だから」
と笑える謙虚さがある人は、
実はそれほど傷つかないものです。

言の葉 23

大きなトラブルは、
たましいの成長を促すカンフル剤です。
ですから、大きな問題が起きたら
「これはたましいの進級試験だな」
と受けとめましょう。
その試験は、あなたのたましいが
大きな成長を欲しているときに来るのですから、
ひるむことはありません。

言の葉 24

苦難というのは、
ただ単に苦しい思いをするだけではありません。
人をもっとも成長させるのは、
苦難を乗り越えるという「経験」と、
そのプロセスで味わう喜怒哀楽の「感動」です。
苦難とは、自分自身の向上欲がくれた
プレゼントなのです。

言の葉 25

生きていれば、いつか新しい風が吹きます。
時間《とき》が経《た》てば、
どんな悩みも違う見え方があるとわかって、
それが心を強くする肥やしになっていくのです。
いまある苦難の意味がわかるのは
ずっと先かもしれません。
だから焦らずに、いまを生き抜くことが大切です。

言の葉 26

大きな試練が目の前に立ちはだかると、
「もうだめだ」「自分には無理」と、
腰が引けてしまうかもしれません。
しかし、自分自身に乗り越えられない
苦難は来ません。
霊的世界は、その人のたましいの器に合わせて、
成長のための試練を課すのです。

言の葉 27

意味のない苦労に見えることも、
あとになれば
「あれは今日の幸せのためにあったのか」
とわかるはず。
一見、不幸に見えることのなかに、
本当の幸福の種が隠されているのです。

言の葉28

人生の苦境に追いつめられたときこそ、
スピリチュアルな真理に
目覚めるチャンスです。
徹底的に追いつめられ、
「よし、一からがんばるしかない」
と腹をくくったとき、波長が高くなり、
「奇跡」とも思える救いがもたらされるのです。

第三章
恐れない

言の葉29

「私は将来が不安です。
この先どうなるのでしょうか？」
と聞く人がよくいますが、
これは「私はこれからご飯をつくりますが、
美味しくできますか？」と聞くのと同じ、
無意味な質問です。
人生は、自分で創るもの。
美味しくなるかどうかは、自分の努力しだいなのです。

言の葉 30

「世の中が悪い」と怒ることは簡単なことです。
しかし、本当に世の中を変えるのは、大変なこと。
でも、自分自身を変えることは
自分の責任でできるもの。
まずは自分が変われば、
世の中全体が大きく変わっていく一歩となるのです。

言の葉 31

不満を抱《いだ》くことが、
つねにいけないわけではありません。
「なぜ自分ばかり」
「どうしてそうなのか」といった不満は、
時に真理を追究するエネルギーとなるからです。
その苦悩から得られる叡智《えいち》により、
人生が大きく変わることもあるのです。

言の葉 32

人間の不安や悩みというのは、
それほどバリエーションがあるわけではありません。
複雑な悩みに見えるのは、
複数の問題が絡み合っているからです。
落ち着いて一つひとつを切り離し、
理性的に分析して、解決できることから
順に解決していきましょう。

言の葉 33

やってもいないことに対し、
「大丈夫かな」と不安に感じて
なかなか行動を起こせない人は、
ある意味、想像力がたくましいのです。
ならばせっかくの想像力を
ポジティブなほうに生かし、
成功のイメージを抱《いだ》きましょう。
ポジティブな想像は、強い念力を生みます。

言の葉 34

漠然とした不安や虚無感、孤独感に襲われたとき、
思い出したいのは感謝の気持ちです。
いま生きていること、語り合える友だちがいること、
ほっとひと息ついてお茶を飲める時間があること。
すべてを当たり前と思わず、
感謝できたときに気持ちは晴れるでしょう。

第四章 愛

言の葉 35

祈りの力は絶大です。この世を愛の国とし、
そして、自分をも愛の人とします。
世の中に対する無償の愛。
その祈りの力は、人を美しくします。
美しいエナジーが包み、
輝くオーラを放つからです。

言の葉 36

与えることで、愛はますます充電されていきます。
大げさなことをする必要はありません。
明るい笑顔を見せるだけ、
元気のいいあいさつをするだけでも、
愛を与えることになるのです。

言の葉 37

孤独のなかで、すべてを捨ててしまいたいことも
あったでしょう。
しかし、今日ここにあなたがいるのは、
大きな愛に見守られて、
そして「生きなさい」というメッセージが
あったからなのです。
たましいの故郷《ふるさと》にいる愛する人も、
あなたにエールを送っているのです。
その声が聴こえますか？
さあ、新たなるエナジーを得て、
生き抜きましょう。

言の葉 38

人は愛を学ぶために生まれてきました。
それにもかかわらず
貪《むさぼ》るだけの愛になっていませんか？
自分自身が愛の源になることを
忘れてはいないでしょうか？

言の葉 39

うまくいかないことが多少あっても、
それは、自分を鍛え、
学ばせようとする愛なのだということに、
いつも感謝してください。
困難や障害があるからこそ、
人生は輝くのです。
それは、あなたが愛されているという
証拠でもあるのです。

言の葉 40

エナジーは、誰かからもらうものではありません。
「大我の愛」が芽生えれば、
自身のたましいより、泉のごとく湧き上がります。
愛の炎が消えなければ、
そのエナジーは永遠に枯れることはありません。

言の葉41

愛はいかなる苦難も、幸せな宝に変えてしまいます。
どんな苦難も、愛の力にはかないません。
それほどに愛は偉大なのです。
人はみな、愛の電池で生きるのです。
愛があれば、何も怖いものはありません。

言の葉 42

本気で人とかかわれば、醜《みにく》い嫉妬心や、
強い憎しみを持つこともあるでしょう。
それを悔《く》やむことはありません。
ネガティブな感情に苦しんだことのある人は、
強い愛情も持てる人です。
人一倍、深い思いやりも持てるのです。

言の葉 43

「誰も自分を愛してくれない」と思うときは、
あなた自身がそもそも「人」を愛しているかどうか、
振り返ってください。
人を心から愛してこそ、
愛されるあなたになれるのです。

言の葉 44

いまこそ、
「ごめんなさい」と「ありがとう」
という心を
思い出しましょう。
正しき愛念をもって、
シンプルに生きることが必要なのです。

第五章

旅立ち

言の葉45

旅立った愛する人が、どれほどの愛を
あなたに注いでいることでしょうか。
相手の立場になって想像してみましょう。
その想像ができたなら、
いつまでも悲しんでいられません。

言の葉 46

どうでもよいことに悩み、
たましいを曇らせてはいませんか。
やがて旅立つ日が来るまで、
妥協せず、正直に、
ひたむきに生きてください。
いっときも無駄にしてはいけません。

言の葉 47

霊界に里帰りした愛する人は、
いまも心はあなたのそばに生きています。
想いは通じ合い、
必要なときにはいつでも
あなたに寄り添っているのです。

言の葉 48

誰かの死を間近に見る、
という経験にも意味があります。
「生きる」ということはどういうことか。
何のために自分は生きているのか。
それをもう一度、
立ち止まって考えてみなさいという
メッセージなのです。

言の葉 49

人生は旅です。人は誰もがいつの日にか、
この現世を卒業しなければならないのです。
しかしそこにあるのは、
「お帰りなさい」という労《ねぎら》い。
だからこそ、胸を張って里帰りできるように、
充実した経験と感動に満ちた人生を
送らなければなりません。

言の葉 50

供養は励まし合いです。
故人に心配をさせない生き方と、
自らが向上する姿を見せることが大切なのです。
「親の背を見て子は育つ」と現世では言いますが、
供養はその反対。
「子の姿を見て親が育つ」なのです。

言の葉 51

死を見つめればこそ、
いかに生きるのかを考えられます。
それは、現世を充実した人生へと導き、
有意義な死を迎えることにもつながります。
また、死後、未浄化な存在に
ならないためにも必要なことです。

言の葉 52

「死」に逃げることはできません。
なぜなら、人は「死して死なない」からです。
私たちのたましいは、
肉体を失ってからも
永遠に生き続ける存在です。

言の葉53

いつまでも泣いていたら、
あなたを愛してくれた人まで
悲しませてしまいます。
あなたが明るく、希望に満ちて
生きてくれること。
それが、先に旅立った人たちを安心させ、
エールを送ることにつながるのです。

言の葉 54

いまは亡き愛する人を想うとき、
懐しい話に花が咲くとき、
その人はあなたのそばに来ています。
楽しかった思い出を蘇らせましょう。

言の葉55

人はみなひとりで生まれ、
ひとりで死んでいきます。
固い絆《きずな》で結ばれた人とも、
必ず別れが来ます。
別れたときに悔《く》いを残さない道はただひとつ。
どのようなときも
精一杯の想いをこめて向き合うことです。

言の葉 56

生きることの意味を知り、
あなたに向けられた愛を感じましょう。
あなたのたましいの故郷《ふるさと》は、
いつもあなたを見守っています。
そして、あなたを応援しています。
さあ、これからまた、人生の旅に戻るのです。
いってらっしゃい！

第六章 幸せ

言の葉57

この世には「闇を知ることにより光を知る」という
学びがあります。
苦しみを知ることにより、
幸せをより理解することができるものなのです。
苦しみを知ればこそ、
同じ苦しみの人に対して優しくなれます。
そうです。
人はより優しくなるために生まれてきたのです。

言の葉 58

私たちは自分の幸せばかりに心を奪われますが、
実は、個人のみの幸せは成り立たないのです。
地球の幸せがあってこそ、
そして、皆《みな》の幸せがあってこそ、
私の幸せが成り立つのです。

言の葉59

もっとも幸せなことは
「恐れるものがない心」を持つことです。
この世の人が求める幸せは、
しょせん物質主義的価値観によるもので、
いつかは消えてしまう儚《はかな》いものばかり。
何も恐れない強い心を持つことこそが、
幸せなのです。

言の葉 60

楽しいことばかりの人生が幸せであるとは
必ずしも言えません。
つらいこと、悲しいことも体験してこそ、
小さな幸せも、かけがえのないものとして
慈《いつく》しめるようになるのです。

言の葉61

他人との比較によってしか、
自分の価値や幸せを実感できないのは寂しいことです。
あなたの幸せは、
あなたが一番よく知っています。
「自分で幸せを見つける」ということ自体、
何より大きな喜びとなるはず。
あなたが一番幸せだと思う道を
選んでください。

言の葉 62

不幸の数ばかりかぞえて生きていないでしょうか。
人生には、不幸のほうが
目立つ時期もたしかにあるでしょう。
でも実は、幸せの数のほうが
ずっと多いはずです。
当たり前だと思っていることがみな、
ありがたい幸せだということに
気づいてください。

言の葉63

人の痛みを自分の痛みのように感じ、
人を自分のように愛する。
この「大我の愛」が実践できたとき、
私たちは初めて心の底から充足し、
幸せになれます。
自分は二の次にしてでも
他人のために何かしたい。
その思い、言葉、行動が、
私たち自身をあたためるのです。

言の葉 64

幸せになるための条件は、
まず恐れを手放すこと。
次に必要なのは、自分の人生の
「主人公」になることです。
何が起きても人のせいにしない。
自分の力で人生を切り拓いていく。
そのとき初めて、人は本当に幸せに生きられるのです。

言の葉65

幸せは遠くにあるとは限りません。
あなたに与えられた場所にもきっとあります。
そこでどれだけ豊かに生きられるかを
考えましょう。
あれもだめ、これもだめと引き算をせず、
あれもある、これもあると、
小さな喜びをかぞえられる人が、
幸せになれる人なのです。

言の葉66

幸せな人生とは、
問題のない人生のことではありません。
問題が起きたら、
それは学びのチャンスなのです。
問題が顔を出したときこそ、
あなた自身のトラウマに気づき、
克服するチャンスだと
受けとめてください。

言の葉67

当たり前と思っている日常こそ、
奇跡のような時間なのです。
私たちは毎日、この奇跡のなかで生きているのです。
だからこそ、今日にありがとうを
言わなければなりませんし、
今日の奇跡に感動しなければならないのです。

言の葉68

人生には、思うように進まず、
悔《くや》しい思いをすることもあるでしょう。
汗水を流し、苦労するのは大変なことです。
けれど、そんな苦労も、
いましかできないことだと知れば、
愛《いと》おしくなるものです。

言の葉69

あなたを傷つけた人のことを、
恨《うら》んではいけません。
その人はむしろ恩人なのです。
あなたに悲しい思いをさせるという
負のカルマを背負ってまで、
あなたに成長のきっかけをくれたのです。
そう理解できれば、感謝は湧いても、
恨む気持ちはなくなるでしょう。

第七章
乗り越える力

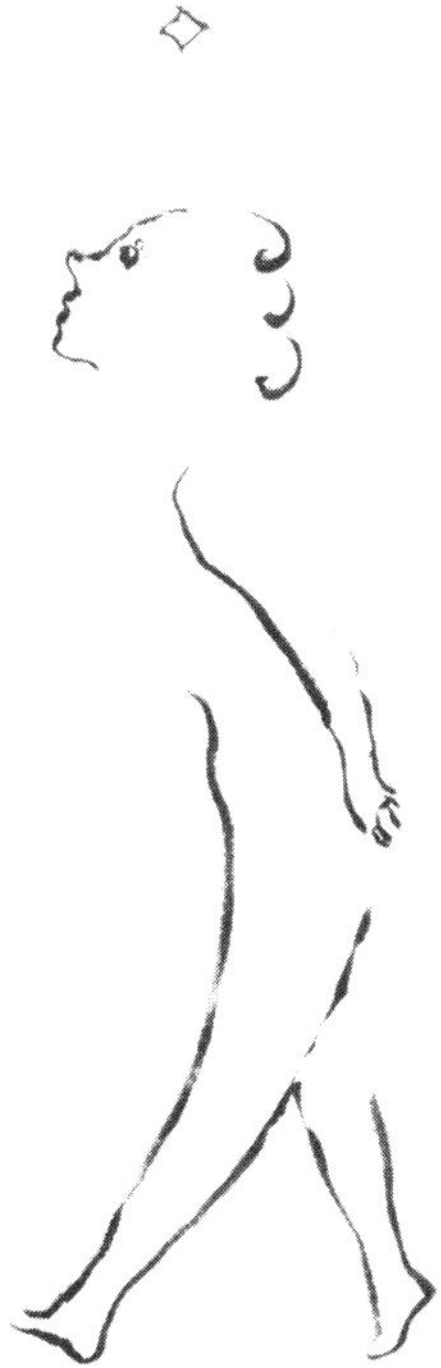

言の葉 70

行きづまって前に進めなくなっても、
卑屈になってはいけません。
その状況を味わうこと自体が学びとなり、
成長の糧《かて》になるからです。
また、新たな幸せの波がやってくる
前ぶれである可能性もあります。

言の葉 71

うまくいかないときは、自分の人生全体を俯瞰《ふかん》する
「神の視点」を持ちましょう。
いまある問題が、自分の一生という
長いスパンで見た際に、
いったいどんな意味を持つのかを考えるのです。
すると、たいていのことが、
大したことではないと思えてくるはずです。

言の葉 72

起きたことを嘆くより、
受け入れ、乗り越えることが大切なのです。
それが今後の人生の分かれ道。
幸せの道を選びましょう。
その先に幸せが
必ず待っているのですから。

言の葉 73

本当に大変なときは、周囲に甘えることも必要です。
そういう場合の甘えは、依存心ではありません。
ピンチのときに助け合えるのも
人間のよさなのです。
なんでもひとりでがんばるべき
というわけではありません。

言の葉74

意地悪をした。卑怯なことをした。
そんな苦《にが》い過去を悔いているのなら、
これからの人生を
その償《つぐな》いのために生かすことを考えてください。
今日からのあなたの生き方しだいで、
苦い過去のカルマは清算されるのです。

言の葉 75

人は行動することによって、
絶対に明るくなれます。
少しでも行動すれば、
見えてくる景色が変わります。
新しい出会いもあるのです。

言の葉 76

目的地に早く着くことばかりが
よいわけではありません。
大切なことは、
一見無駄だと思えることのなかに潜んでいるもの。
迷子になったときや、
寄り道をしたときに見た風景が、
一生忘れられなくなることは、
よくあるのです。

言の葉 77

どうしてもエナジーが湧かないときは、
焦らずに休息をとりましょう。
車の給油と同様で、
慌てたからといって、
早く満タンになるものでもありません。
入るまで待つのが一番です。

言の葉 78

悲しみをあらわにするのは簡単です。
それは「小我」。
「大我」を重んずるならば、
悲しみは胸に抱《いだ》き、
明るく乗り越えるべきです。

言の葉 79

人生の静寂を恐れてはいけません。
楽しいだけの人生だけでなく、
時につまずくことも必要なのです。
落ち込んだときに初めて
自分の心の内側を
のぞこうと思うものだからです。

言の葉80

何かに挫折し、ふと立ち止まる。
そういうひとときこそ、内観のチャンスです。
楽しいばかりのときに
自らの人生の足元を見つめることは、
ありえないからです。
わが人生を見つめることは、
明日の人生を輝かせる出発点なのです。

言の葉81

あらゆることを想定し、
予防線を張りまくる。
そんな「転ばぬ先の杖」の心がけも
行きすぎは考えものです。
それでは、人生の醍醐味を味わうことはできません。
人生の醍醐味とは、経験と感動。
臆病に生きるより、
無知を智に変えられるほどの
探究心と向上欲をもちましょう。

言の葉82

悲しみが尽きないときは
思い出してください。
「誰のために、悲しんでいるのか」を。
大切な人を安心させてあげるためにも、
涙をぬぐいましょう。

言の葉８３

不遇に思える時期は、
恩寵《おんちょう》ととらえましょう。
そういう時期があるからこそ、
あなたは実力を蓄えることに
専念できるのです。

言の葉84

人間には念力という「想いの力」がありますが、
思うだけでは本当の力にはなりません。
地道な努力による裏づけがあってこそ、
揺るぎない自信が生まれ、
強い念力となるのです。

言の葉85

いまは、何もかも失って悲しいかもしれませんが、
どうか忘れないでください。
あなたはひとりではありません。
あなたを愛してくれた人は、
いまも寄り添っているのですから。

第八章

未来へ

言の葉86

現状をよき方向に変え、
未来を創るためにも、
真の自覚と反省が必要です。
あなたが感じ動く喜怒哀楽はみな
「心の映し出し」なのです。
不動心をもって、
冷静に受けとめましょう。

言の葉87

世の中のことを憂《うれ》う気持ちになっても、
決して暗い考えは
抱《いだ》かないようにしましょう。
つねに、輝く太陽のようでありましょう。

言の葉88

悲しみにあるとき、
人は、その痛みを分かち合おうと
愛の言葉を口にします。
しかし、その言葉が真《まこと》であるか否かを
知るのは簡単。
真の愛は、いついつまでも寄り添うのです。

言の葉89

いまあるものを失うことを過剰に恐れるのは、
物質主義的価値観から来る執着です。
たとえ失っても、「こんな人生もある」
「あんな人生もある」
と想像できる人が、人生を楽しめる人。
何かを失えば、代わりに何かを得られるのが
この世の道理ですから、
どんな未来が訪れるのか、
楽しみにしていましょう。

言の葉 90

「こんな自分だからダメなんだ」と、
自分の未来に蓋《ふた》をしてしまっていませんか。
たとえ、いまがどのような状況であったとしても、
未来が待っていることを忘れてはいけません。
未来は、創れるのです。

言の葉 91

後ろ向きだったり、卑下したり、
逃げたりというネガティブな感情は、
オーラを曇らせます。
反対に、未来に向かう道程《みちのり》にあるとき、
溌溂《はつらつ》としたオーラが輝きます。
それは、まさに、いのちの輝きです。

言の葉 92

不要なものは手放し、
最低限必要なものだけを
持って生きましょう。
その身軽さは、あなたに大きな自由と、
思ってもみなかった明日をもたらします。

言の葉 93

生きていくうえで意識すべきは、
いまこの瞬間にどれだけの想いをこめるか。
戻らない過去を悔《く》やんでも
仕方ありませんし、
まだ来てもいない未来を
いたずらに憂えても仕方ないのです。

言の葉94

あなたの未来は、
過去と現在の単なる延長線上にあるわけでは
ありません。
あなたが意識的に「過去」を反省し、
「現在」を変えようと決意したとき、
あなたの「未来」は輝き始めます。
過去の失敗も、「あの経験があってよかった」
と感謝できるものに変わるのです。

言の葉 95

大きなチャンスが来ると、
「自分にできるだろうか」と
不安になるかもしれません。
しかし、チャンスが来たこと自体、
「いまのあなたならできる」
という証です。
慎重かつ大胆に、自信を持って
挑みましょう。

言の葉 96

夢や目標は、
自分から手放さない限り、決してなくなりません。
いまこのときをつねに輝かせていれば、
過去に置き去りにしたつもりの夢も、
あなたを追いかけてきます。
大切なのは、思い続ける念力と努力です。

言の葉 97

山に登るのに、いくつものルートがあるように、
あなたの目標を叶える道も、
決してひとつではありません。
この道がだめならあの道、
あの道もだめならまたほかを探す。
そのようなプロセスを楽しめる人にこそ、
成功は訪れるのです。

言の葉 98

試練のときも、病《や》めるときも、
岐路に立ったときも、
焦りは、迷いを深めます。
わからなくなったときは、
元の道に戻って、歩み直せばよいのです。
何も心配はいりません。

言の葉 99

あなたがこの世に生まれてきたのは、
たくさんの経験をし、感動を味わいつつ、
たましいを磨くため。
寿命の最後の一瞬まで
精一杯生き抜けたら、
それで人生は満点なのです。

言の葉 100

厳しい時代が予想されるときだからこそ、
私たちは強く、おおらかに
生きていかなくてはいけません。
信念の強さと明るさを持って、
冬の時代を乗り越えましょう。

江原啓之

スピリチュアリスト
一般財団法人日本スピリチュアリズム協会代表理事。
主な著書に、『幸運を引きよせるスピリチュアル・ブック』『人はなぜ生まれいかに生きるのか』『スピリチュアルプチお祓いブック』『いのちが危ない！スピリチュアル・カウンセラーからの提言』『人間の絆　ソウルメイトをさがして』『スピリチュアリズムを語る』など多数。

公式ホームページ　http://www.ehara-hiroyuki.com
携帯サイト　http://ehara.tv/
携帯文庫　http://eharabook.com/

※現在、個人カウンセリング及び手紙やお電話でのご相談は受け付けておりません。

未来《みらい》を拓《ひら》く

言《こと》の葉《は》

２０１１年８月11日　第一刷発行

著者　江原啓之

発行者　石崎　孟

発行所　株式会社マガジンハウス
〒１０４-８００３
東京都中央区銀座３-13-10
電話　受注センター　０４９-２７５-１８１１
書籍編集部　０３-３５４５-７０３０

デザイン　岡　睦(mocha design)
カバー&本文イラスト　寺門孝之
印刷・製本所　凸版印刷株式会社

ISBN978-4-8387-2299-0 C0095

マガジンハウスのホームページ　http://magazineworld.jp

マガジンハウス　江原啓之の本

プチ　スピリチュアルブック・シリーズ

スピリチュアル　プチ　お祓いブック
50万部突破のベストセラー！　〝念〟の力で幸運を呼ぶお祓い53　1000円

スピリチュアル　オーラブック　basic
オーラを診断して、運をパワーアップする極意をレクチャー　1000円

眠りに潜むメッセージ　スピリチュアル　夢ブック
夢に秘められた「癒し」と「学び」の意味を解説。　1000円

運命の赤い糸をつなぐ　スピリチュアル　ブライダルブック
出会いからゴールまで、祝福される結婚のプロセスを伝授。　1000円

スピリチュアル　タブー・ブック
迷信に惑わされず、人生を輝かせるヒント。お祓いCD付き。　1260円

今、いくべき聖地

あなたを癒し、パワーアップする、本当のスピリチュアルスポットをガイド。　1050円

江原啓之神紀行シリーズ

日本の聖地をめぐり、それぞれの周辺の宿やグルメなどの旅ガイドも充実。
1、伊勢・熊野・奈良編　2、四国・出雲・広島編（各1000円）
3、京都編　4、九州・沖縄編　5、関東・中部編
6、北海道・東北・北陸編（各1100円）

※価格はすべて税込です。